STRATEGIE VINCENTI PER IL SUCCESSO NELLE VENDITE

Controcorrente

Indice

Passo 1: Acquisisci Conoscenza e Competenze
1.1. Comprendi il prodotto o il servizio che intendi vendere.
1.2. Impara le basi della vendita, inclusi i principi di persuasione e negoziazione.
1.3. Sviluppa competenze di comunicazione efficace.

Passo 2: Identifica il Tuo Mercato di Riferimento
2.1. Ricerca il tuo pubblico target e i potenziali clienti.
2.2. Analizza la concorrenza nel settore.
2.3. Valuta le opportunità di mercato e le tendenze del settore.

Passo 3: Crea un Piano di Vendita
3.1. Stabilisci obiettivi di vendita realistici.
3.2. Sviluppa una strategia di vendita, inclusi i canali di distribuzione.
3.3. Pianifica le tue attività di marketing e promozione.

Passo 4: Costruisci Relazioni
4.1. Sviluppa abilità di networking per costruire contatti utili.
4.2. Crea rapporti con i clienti attraverso la fiducia e l'empatia.
4.3. Mantieni un atteggiamento professionale e positivo.

Passo 5: Prepara le Tattiche di Vendita
5.1. Prepara un discorso di vendita efficace.
5.2. Personalizza la tua approccio in base al cliente.
5.3. Sii pronto a rispondere alle obiezioni e alle domande dei clienti.

Passo 6: Gestisci il Ciclo di Vendita
6.1. Fai prospezione per trovare nuovi lead.
6.2. Conduci incontri di vendita e presentazioni.
6.3. Tratta i dettagli del contratto e chiudi la vendita.

Passo 7: Fornisci un Eccellente Servizio Clienti

7.1. Assicurati che i clienti siano soddisfatti del prodotto o servizio.
7.2. Gestisci le lamentele e risolvi i problemi in modo tempestivo.
7.3. Mantieni il contatto con i clienti per future opportunità di vendita.

Passo 8: Misura e Valuta le Prestazioni
8.1. Monitora le tue prestazioni di vendita rispetto agli obiettivi.
8.2. Raccogli feedback dai clienti per migliorare le tue abilità.
8.3. Apporta modifiche al tuo approccio di vendita in base ai risultati.

Passo 9: Continua a Formarti e Migliorare
9.1. Partecipa a corsi di formazione e workshop per migliorare le tue competenze.
9.2. Mantieni te stesso aggiornato sulle tendenze del settore.
9.3. Cerca modi per migliorare costantemente le tue abilità di vendita.

Passo 10: Sii Persistente e Determinato

10.1. La vendita può essere sfidante, ma la perseveranza è fondamentale.

10.2. Accetta i fallimenti come opportunità di apprendimento.

10.3. Continua a lavorare duro e ad adattarti alle sfide.

Seguire questo indice ti aiuterà a sviluppare le abilità e la mentalità necessarie per diventare un venditore di successo. Ricorda che il successo nella vendita richiede tempo, pratica e impegno costante.

CAPITOLO 1
Acquisisci Conoscenza e Competenze

Prima di immergerci nei dettagli su come acquisire conoscenza e competenze per diventare un venditore di successo, è essenziale comprendere il principio fondamentale: "Il libro sarà inutile se non vengono segnate tutte le domande che si trovano all'interno del libro e soprattutto se non si risponde ad esse." In altre parole, il primo modo per diventare un venditore di successo è pensare di non sapere, in modo tale da essere aperti all'apprendimento.

1.1 Comprendi il Prodotto o il Servizio
Una volta interiorizzato il concetto di apprendimento continuo, puoi iniziare a esplorare come acquisire conoscenza sul prodotto o servizio che stai vendendo:

Studia le Caratteristiche:
Segna tutte le domande che ti vengono in mente mentre studi le caratteristiche del tuo prodotto o servizio. **Poi cerca le risposte. Questo processo ti aiuterà a comprendere a fondo ciò che stai vendendo.**

Evidenzia i Vantaggi: Non limitarti a memorizzare i vantaggi, ma cerca di capire perché questi vantaggi sono importanti per i tuoi potenziali clienti scrivendoli.

Confronta con la Concorrenza: Chiediti costantemente come il tuo prodotto si confronta con la concorrenza. Questo ti porterà a formulare domande fondamentali su cosa rende unico il tuo prodotto. Cerca risposte per poterlo presentare in modo differenziato.

1.2 Impara le Basi della Vendita

Il processo di apprendimento non si ferma mai quando si tratta di vendita:

Leggi Libri e Risorse: Annota le domande che sorgono durante la lettura e sfrutta queste domande come base per ulteriori ricerche. Questo ti aiuterà a sviluppare un approccio critico all'apprendimento.

Partecipa a Corsi e Workshop: Durante i corsi, poni domande, anche quelle apparentemente "scontate". Questo ti aiuterà a mettere in discussione ciò che pensi di sapere e a ottenere una comprensione più approfondita.

Pratica le Abilità: Durante le simulazioni o i roll-play, non avere paura di sollevare domande anche se sembrano ovvie. Questo ti aiuterà a chiarire dubbi e a migliorare le tue abilità.

1.3 Sviluppa Competenze di Comunicazione Efficace

La comunicazione è una competenza chiave per un venditore di successo. Domandati costantemente come puoi comunicare in modo migliore:

Ascolto Attivo: Chiedi ulteriori spiegazioni quando qualcosa non è chiaro. Questo dimostra interesse e ti aiuta a comprendere meglio le esigenze del cliente.

Comunicazione Chiara: Se hai dubbi su come comunicare un concetto, chiedi a colleghi o mentori. È importante capire appieno cosa stai comunicando per farlo in modo efficace.

Empatia: Continua a imparare su come le persone percepiscono le tue parole e il tuo comportamento. Le domande aperte possono essere un ottimo strumento per ottenere una comprensione più profonda delle emozioni dei clienti.

La chiave di tutto questo è la curiosità. Sii sempre curioso, continua a porre domande e non smettere mai di imparare. Ricorda che il successo nella vendita è un percorso di apprendimento continuo. Nel prossimo capitolo, esploreremo come identificare il tuo mercato di riferimento in modo efficace.

CAPITOLO 2
Identifica il Tuo Mercato di Riferimento:
Come Diventare un Detective del Mercato!

Questo capitolo ti guiderà attraverso il processo in modo divertente e informativo. Ricorda, il capitolo precedente ci ha insegnato che il processo di apprendimento e il porsi domande sono fondamentali.

2.1 Ricerca il Tuo Pubblico Target e i Potenziali Clienti
Immagina di essere un detective incaricato di trovare i tuoi clienti ideali. Per iniziare, dovresti:

Segmentare il Mercato: Questo è come suddividere il caso in diverse parti. Se vendi prodotti per la cura della pelle, potresti scoprire che ci sono due segmenti principali: giovani che cercano soluzioni anti-acne e adulti interessati all'anti-invecchiamento. Questi sono i tuoi "sospettati" principali.

Raccogliere Dati Demografici e Psicografici: Immagina di raccogliere indizi su chi sono i tuoi potenziali clienti. Ad esempio, i giovani potrebbero essere studenti con un reddito limitato, mentre gli adulti potrebbero essere professionisti con un reddito più alto. Questi sono dettagli che aiutano a comprendere meglio il tuo pubblico.

Analizzare il Comportamento di Acquisto: Come il tuo "cliente ideale" prende decisioni? Dove cerca informazioni prima di fare un acquisto? Sarebbe come scoprire i luoghi che una persona visita prima di commettere un reato.

Esempio Pratico: Se scopri che il tuo segmento di clienti più giovani è molto attivo sui social media, potresti concentrarti sulla promozione tramite piattaforme come Instagram e TikTok.

2.2 Analizza la Concorrenza nel Settore

Sei un detective che cerca indizi su chi sono i tuoi rivali. Ecco come farlo:

- **Identifica i Principali Competitori:** Sono come altri investigatori che stanno cercando di risolvere lo stesso caso. Chi sono i principali concorrenti nel tuo settore? Scrivilo come una lista di "sospettati."
- **Valuta l'Offerta di Mercato:** Inizia a esaminare gli indizi. Come si presentano i prodotti o servizi dei tuoi concorrenti? Ci sono aree in cui sono più forti o più deboli? Questi sono i dettagli che ti aiutano a capire come superarli.

Studi le Tendenze del Settore:
Questo è come studiare la storia dei crimini passati. Cosa sta succedendo nel tuo settore? Quali nuove tecnologie o tendenze emergono? Sarebbe come cercare indizi su dove si dirige il mercato.

2.3 Valuta le Opportunità di Mercato e le Tendenze del Settore

Ora è il momento di guardare al futuro e trovare nuovi modi per risolvere il caso:

Riconosci le Lacune nel Mercato: Come detective, cerca le zone d'ombra nel mercato. Ci sono bisogni non soddisfatti o aree trascurate che il tuo prodotto o servizio potrebbe affrontare?

Prendi in Considerazione le Tendenze in Crescita: Immagina di avere una sfera di cristallo per vedere il futuro. Le tendenze emergenti nel comportamento dei consumatori possono aprire nuove opportunità. Ad esempio, se c'è una crescente consapevolezza ambientale, potresti esplorare prodotti ecologici.

Valuta le Minacce: Un vero detective anticipa i pericoli. Non solo cerca opportunità, ma cerca anche minacce. Ad esempio, se le nuove leggi potrebbero influire negativamente sul tuo settore, dovresti essere pronto a mitigarle.

Esempio Pratico: Se noti che molti giovani consumatori sono sempre più interessati a prodotti sostenibili, potresti sviluppare confezioni ecologiche per i tuoi prodotti per la cura della pelle.

Consiglio Pratico: Tieni un diario segreto (anche se solo per divertimento) con tutte le tue scoperte e i tuoi "indizi". Questo ti aiuterà a tracciare il percorso del tuo investigatore di mercato.

Nel prossimo capitolo, esploreremo come creare un piano di vendita che utilizzi tutte queste informazioni per raggiungere il successo. Resta sintonizzato, detective!

CAPITOLO 3
Crea un Piano di Vendita Strategico:
La Tua Mappa per il Successo

Ci troviamo nel punto cruciale della tua missione di vendita: la creazione di un piano di vendita completo e strategico. Immagina di essere un detective che si prepara per una delle sfide più avvincenti della sua carriera. In questo capitolo, non solo apprenderai i principi fondamentali per creare un piano di vendita efficace, ma esploreremo anche casi di successo nel mondo reale che possono illuminare il tuo percorso.

3.1 Stabilisci Obiettivi di Vendita Realistici

Come un detective che definisce il suo obiettivo finale, devi stabilire obiettivi di vendita chiari e realistici:

Obiettivi Specifici e Misurabili:
Scrivi obiettivi che siano specifici,
misurabili e significativi. Piuttosto
che semplicemente mirare ad
"aumentare le vendite", stabilisci
un obiettivo come "incrementare le
vendite del 20% entro la fine
dell'anno".
Scadenze Definite: Assegna
scadenze chiare per ogni obiettivo.
Questo ti darà un senso di urgenza
e ti manterrà concentrato.
Allinea gli Obiettivi con il Mercato:
Assicurati che gli obiettivi siano
realistici e in linea con le condizioni
di mercato, le tendenze e le risorse
disponibili.

Esempio Pratico: Immagina di essere
un venditore di elettronica di consumo e
il tuo obiettivo è quello di vendere 500
unità del nuovo smartphone entro il
trimestre

Successo nel Mercato: Un esempio di successo notevole è quello di Amazon. La loro strategia di vendita iniziale era incentrata sulla convenienza e sulla vasta selezione di prodotti online. Hanno costantemente adattato la loro strategia per soddisfare le esigenze dei clienti, offrendo servizi come Amazon Prime e investendo in tecnologie come l'intelligenza artificiale per migliorare l'esperienza di acquisto.

3.2 Sviluppa una Strategia di Vendita, Inclusi i Canali di Distribuzione
Ora che hai obiettivi chiari, è il momento di sviluppare una strategia di vendita:

> **Identifica i Canali di Distribuzione Efficaci:** Come un detective, individua i canali attraverso i quali raggiungerai il tuo pubblico in modo efficace. Questo potrebbe includere vendita diretta, negozi fisici, e-commerce, mercati online, rivenditori, o una combinazione di questi.

- **Segmentazione del Mercato:** Usa la tua conoscenza dei segmenti di mercato per adattare la tua strategia. Ad esempio, se vendi prodotti per la cura dei capelli, potresti creare un canale di distribuzione dedicato ai saloni di bellezza e un altro per i consumatori finali.
- **Personalizzazione dell'Approccio:** Non esiste un approccio "universale" alla vendita. Adatta la tua strategia in base al canale e al pubblico. In un negozio fisico, potresti concentrarti sull'offrire consulenze personali, mentre online potresti puntare su contenuti informativi.

Esempio Pratico: Se stai vendendo prodotti per il giardinaggio, potresti considerare la distribuzione attraverso rivenditori locali, mercati degli agricoltori e un negozio online. Ogni canale richiede un approccio diverso per soddisfare le esigenze dei clienti.

3.3 Pianifica le Tue Attività di Marketing e Promozione

Ora che hai definito la tua strategia di vendita, è il momento di far conoscere il tuo prodotto o servizio al mondo:

- **Utilizza un Mix di Marketing**: Un mix di diverse tattiche di marketing può essere altamente efficace. Questo potrebbe includere pubblicità online, marketing sui social media, e-mail marketing, partecipazione a eventi del settore e molto altro.
- **Creazione di Contenuti di Qualità:** La creazione di contenuti di valore può attirare clienti interessati. Se vendi attrezzi per il fitness, ad esempio, potresti creare guide informative sull'allenamento e la nutrizione.
- **Ricorri a Testimonianze e Recensioni:** Le testimonianze dei clienti soddisfatti e le recensioni autentiche sono uno dei modi più potenti per persuadere i potenziali acquirenti. Raccogli e promuovi queste testimonianze positivi.

Esempio Pratico: Se vendi prodotti per la bellezza, potresti utilizzare le piattaforme social per condividere video tutorial su come utilizzare i tuoi prodotti in modo efficace, dimostrando i risultati positivi ottenuti da clienti reali.

Successo nel Mercato: Apple è un esempio classico di successo nel marketing. La loro campagna "Get a Mac" ha presentato il confronto tra un Mac e un PC in modo divertente e persuasivo. Questa campagna è diventata un'icona nell'industria della tecnologia ed è un esempio di come il marketing creativo e convincente può influenzare positivamente le vendite.

Con il tuo piano di vendita ora ben strutturato e basato su obiettivi chiari e strategie di marketing efficaci, sei pronto per lanciarti nella missione di catturare i clienti. Nel prossimo capitolo, esploreremo l'arte di costruire relazioni forti con i clienti, un elemento essenziale per il successo a lungo termine nella vendita

CAPITOLO 4
Costruisci Relazioni
(Il Cuore della Vendita)

Nel vasto mondo della vendita, costruire relazioni solide è come piantare le fondamenta di un grattacielo: è fondamentale per la stabilità e la crescita. In questo capitolo epico, esploreremo l'arte di costruire relazioni autentiche con i clienti. Oltre a fornire un approfondimento dettagliato su come farlo con successo, ti porteremo in un viaggio attraverso esempi pratici tratti dal mercato, dimostrando come relazioni solide possano tradursi in risultati straordinari.

4.1 Sviluppa abilità di networking per costruire contatti utili

Il networking è il cuore pulsante delle relazioni di vendita. Ecco come costruire e mantenere una rete di contatti utili:

Partecipazione a Eventi Settoriali: Fiere, conferenze e eventi del settore sono l'incubatrice ideale per incontrare potenziali clienti e colleghi. Un esempio straordinario è il CES (Consumer Electronics Show), dove le aziende tecnologiche mostrano le loro innovazioni e stabiliscono connessioni cruciali.

Utilizza le Piattaforme Online: I social media, in particolare LinkedIn, sono potenti strumenti per la costruzione di reti professionali. Puoi connetterti con professionisti del settore, partecipare a discussioni pertinenti e creare visibilità online per te e la tua azienda. Un esempio notevole di successo su LinkedIn è stato Richard Branson, che ha utilizzato la piattaforma per condividere la sua esperienza imprenditoriale e connettersi con altre menti creative.

Comunicazione Efficace: L'ascolto attento è la chiave del networking. Fai domande pertinenti, ascolta attentamente le risposte e dimostra un vero interesse per gli altri. Questa pratica è stata adottata con successo da Sheryl Sandberg, COO di Facebook, che ha costruito relazioni di networking fondamentali per il suo ruolo di leadership.

4.2 Crea rapporti con i clienti attraverso la fiducia e l'empatia

La fiducia è il collante che tiene insieme le relazioni di vendita. Come costruirla e mantenerla:

- **Comunicazione Aperta:** Sii trasparente e onesto. Rispondi alle domande e alle preoccupazioni dei clienti in modo diretto e sincero. Amazon è un esempio di comunicazione aperta e trasparente, spesso rispondendo pubblicamente alle domande dei clienti sul suo sito Web.
- **Mostra Empatia:** Mettiti nei panni dei tuoi clienti. Cerca di comprendere i loro problemi e le loro sfide, e offri soluzioni che rispecchino le loro esigenze. Un esempio notevole di empatia è stato mostrato da Bill Gates attraverso la sua fondazione, che ha affrontato questioni globali come la lotta contro le malattie e la povertà.

Gestione delle Aspettative: Evita di fare promesse vuote. Gestisci le aspettative in modo realistico e onesto per evitare delusioni future. Il servizio clienti di Nordstrom è famoso per la gestione delle aspettative chiare e realistiche, il che ha portato a una fedeltà del cliente straordinaria.

4.3 Mantieni un atteggiamento professionale e positivo

Un atteggiamento professionale e positivo è la chiave per costruire e mantenere relazioni di vendita di successo:

Rispetto per il Tempo altrui: Rispetta i tempi e gli impegni dei clienti. La puntualità è una dimostrazione di rispetto e impegno. Questo è un principio seguito da aziende come FedEx, che si basa sulla precisione e la puntualità nelle consegne.

Gestione delle Lamentele: Le lamentele dei clienti sono inevitabili. Tratta queste situazioni con rispetto e risolvi i problemi in modo tempestivo e appropriato. Il modo in cui Amazon affronta le lamentele dei clienti, risolvendole rapidamente e con soddisfazione del cliente, è un esempio di eccellenza in questo campo.

Feedback Costruttivo: Accetta il feedback con umiltà e gratitudine. Utilizza le critiche, sia positive che negative, per migliorare i tuoi processi e le tue offerte. Un caso di successo in questo senso è stato Microsoft, che ha ascoltato il feedback dei clienti per migliorare i propri prodotti e servizi nel tempo.

Costruire relazioni è un investimento a lungo termine nella tua missione di vendita. Questi concetti e esempi pratici dimostrano come le relazioni solide possano portare al successo. Nel prossimo capitolo, esploreremo il ciclo di vendita, dalla prospezione alla chiusura, offrendoti strumenti pratici per gestire efficacemente questa fase critica. Stiamo percorrendo un cammino di apprendimento straordinario nell'arte della vendita.

CAPITOLO 5
Il Ciclo di Vendita
(Dalla Prospettiva alla Chiusura)

In questo capitolo, immergiamoci completamente nel ciclo di vendita, dalla fase di prospettiva alla chiusura. Scopriremo non solo le basi di ogni fase, ma anche le strategie avanzate, gli esempi pratici di successo nel mercato e le teorie chiave che guidano la vendita moderna.

5.1 Prospettiva - Trovare le Opportunità di Vendita

La fase di prospettiva è il punto di inizio cruciale nel ciclo di vendita. È il momento in cui cerchi nuove opportunità di vendita. Ecco come farlo con successo:

Ricerca di Prospettive: Utilizza una combinazione di fonti per identificare potenziali clienti. Questo può includere ricerche di mercato, analisi dei dati e la tua rete di contatti. Strumenti come CRMs (Customer Relationship Management) e software di analisi dei dati possono semplificare questa fase.

Creazione di un Profilo Ideale del Cliente (ICP): Definisci chi sono i tuoi clienti ideali in base a criteri come guadagni mensili, settore di lavoro, obiettivi e problemi che riscontrano in questo momento. Questo ti aiuterà a concentrarti sulle prospettive più promettenti e a personalizzare il tuo approccio.

Approccio Personalizzato: Ogni prospettiva è unica. Crea messaggi personalizzati che dimostrino che hai fatto la tua ricerca e che mostri come il tuo prodotto o servizio possa risolvere i problemi specifici della prospettiva. L'uso di un sistema di gestione delle relazioni con i clienti (CRM) come Salesforce ti permette di tracciare le interazioni e personalizzare i tuoi messaggi in base alle attività passate.

Esempio Pratico di Successo: Un caso di successo in questa fase è stato quello di LinkedIn. Hanno utilizzato dati demografici, come titolo di lavoro e settore, per identificare prospettive potenziali per le loro offerte premium e per l'acquisizione di nuovi utenti.

Teoria Chiave: Una teoria chiave che guida questa fase è l'"Account-Based Marketing" (ABM), un approccio strategico in cui le aziende si concentrano su clienti specifici invece di mirare a un pubblico più ampio. Questo approccio mirato è particolarmente efficace nelle vendite B2B (business-to-business).

5.2 Qualificazione - Identificare le Opportunità Legittime
Una volta che hai identificato le opportunità, devi determinare se sono legittime e meritevoli del tuo tempo e sforzo. Ecco come farlo in modo efficace:

BANT: Budget, Autorità, Necessità, Tempestività: Questo framework ti aiuta a valutare se una prospettiva ha il budget per acquistare, l'autorità per prendere decisioni, una reale necessità del tuo prodotto o servizio e un piano temporale per l'acquisto. Ad esempio, se stai vendendo software aziendale, devi scoprire se la prospettiva ha il budget per l'acquisto, chi ha l'autorità di prendere la decisione e se hanno una necessità immediata del tuo software.

Indicazioni di Interesse: Cerca segnali di interesse da parte della prospettiva. Questo potrebbe includere la partecipazione a webinar, il download di materiali informativi o l'interazione con il tuo contenuto online. Ad esempio, se noti che una prospettiva ha scaricato una tua guida all'uso del tuo software, è un segno di interesse.

Comunicazione Aperta: Offri alla prospettiva un canale di comunicazione aperto per esporre le loro esigenze e preoccupazioni. Ascolta attentamente e fai domande pertinenti per approfondire la comprensione della loro situazione. Ad esempio, se stai vendendo servizi di consulenza finanziaria, dovresti essere aperto a discutere dei dettagli delle finanze personali della prospettiva.

Esempio Pratico di Successo: Un esempio notevole è HubSpot, una piattaforma di marketing automation e CRM. Utilizzano una serie di indicatori, come l'interazione con il loro contenuto educativo e il comportamento sul loro sito web, per qualificare le prospettive in modo efficace.

Teoria Chiave: Una teoria chiave in questa fase è il concetto di "Lead Scoring". Questo implica l'assegnazione di punteggi alle prospettive in base a criteri specifici, aiutando a dare priorità in base al loro potenziale di conversione.

5.3 Proposta - Presentare una Soluzione Persuasiva

Una volta che hai qualificato le opportunità, è il momento di presentare una proposta persuasiva:

Personalizzazione: Adatta la tua proposta alle esigenze specifiche della prospettiva. Mostra come il tuo prodotto o servizio risolverà i loro problemi specifici. Ad esempio, se stai vendendo software di gestione del progetto, dovresti personalizzare la tua presentazione per mostrare come il software risolverà i problemi specifici del cliente, come la gestione dei progetti complessi o la collaborazione in team.

Dimostrazione dei Benefici: Elenca chiaramente i benefici della tua offerta. Fornisci prove, testimonianze o casi di studio che dimostrino l'efficacia della tua soluzione. Ad esempio, se stai vendendo un prodotto di bellezza, potresti mostrare prima e dopo le foto degli utenti che hanno ottenuto risultati positivi con il tuo prodotto.

Rispondere alle Obiezioni: Anticipa e affronta le obiezioni che la prospettiva potrebbe sollevare. Preparati a fornire argomentazioni convincenti per superare queste sfide. Ad esempio, se la prospettiva solleva preoccupazioni sulla sicurezza del software, dovresti essere in grado di spiegare le misure di sicurezza robuste implementate nel tuo prodotto.

Esempio Pratico di Successo: Apple è famosa per le sue presentazioni di prodotti altamente personalizzate che mettono in evidenza i benefici dei loro dispositivi, dimostrando come possono migliorare la vita degli utenti.
Teoria Chiave: Una teoria chiave in questa fase è la "Psicologia della Vendita". Comprendere i principi psicologici che influenzano le decisioni di acquisto può aiutarti a creare proposte più persuasive.

5.4 Chiusura - Sigillare l'Affare
La fase di chiusura è il momento in cui l'affare si concretizza. Ecco come gestirla con successo:

Chiudere la Proposta: Fornisci un processo chiaro e semplice per chiudere l'accordo. Questo potrebbe includere la firma di un contratto, un pagamento iniziale o una conferma dell'ordine. Ad esempio, se stai vendendo servizi di consulenza, dovresti fornire un contratto chiaro che specifichi i servizi inclusi, i costi e i tempi di consegna.

Gestione degli Obiezioni Finali: Anche in questa fase, possono emergere obiezioni. Affrontale con pazienza e competenza, dimostrando ancora una volta i benefici della tua soluzione. Ad esempio, se la prospettiva è preoccupata per la complessità dell'implementazione del tuo software, dovresti essere in grado di fornire dettagli su come il tuo team di supporto la semplificherà.

Fiducia e Conferma: Rassicura la prospettiva che hanno preso la decisione giusta. Conferma i dettagli dell'accordo e fornisce un piano per l'implementazione o la consegna. Ad esempio, se stai vendendo attrezzature mediche costose, dovresti offrire una formazione dettagliata sull'uso e un piano di manutenzione per garantire che il cliente sia sicuro e soddisfatto.

Esempio Pratico di Successo: Amazon ha semplificato la fase di chiusura con il suo processo di acquisto con un clic, che consente ai clienti di confermare rapidamente l'acquisto con un solo click, aumentando la conversione delle vendite.

Teoria Chiave: Una teoria chiave in questa fase è la "Negoziazione Vincente". Imparare a negoziare in modo efficace può aiutarti a ottenere accordi più favorevoli e a gestire le obiezioni in modo professionale.

In questo capitolo, hai scoperto il ciclo di vendita dalla prospettiva alla chiusura, arricchito con concetti avanzati, esempi pratici di successo nel mercato e teorie chiave. Nel prossimo capitolo esploreremo come mantenere e potenziare le relazioni con i clienti dopo la chiusura dell'affare.

La nostra avventura nell'arte della vendita continua con entusiasmo e competenza!

CAPITOLO 6
Gestione delle Relazioni con i Clienti
(Fedelizzazione e Crescita)

Questo capitolo è suddiviso in tre fasi cruciali: la prospezione per trovare nuovi lead, la conduzione di incontri di vendita e presentazioni, e il trattamento dei dettagli del contratto per chiudere la vendita. Ognuna di queste fasi richiede competenze specifiche e un approccio strategico.

6.1. Fai Prospettiva per Trovare Nuovi Lead

La prospezione è il punto di partenza del ciclo di vendita ed è il momento in cui inizi a cercare nuove opportunità di vendita. Ecco come farlo in modo efficace:

Identifica le Fonti di Lead: Utilizza una vasta gamma di fonti per individuare potenziali clienti. Questo può includere ricerche di mercato, analisi dei dati, social media, eventi di settore e la tua rete di contatti professionale. Sfrutta strumenti come LinkedIn, CRM e software di automazione del marketing per semplificare il processo di prospezione.

Crea un Profilo del Cliente Ideale (ICP): Definisci chi sono i tuoi clienti ideali in base a criteri come settore, dimensione aziendale, posizione geografica e bisogni specifici. Questo ti aiuterà a concentrarti sulle prospettive più promettenti e a personalizzare il tuo approccio.

Approccio Personalizzato: Crea messaggi e proposte personalizzate per ciascun lead. Dimostra che hai fatto la tua ricerca e che comprendi le loro esigenze uniche. Un approccio personalizzato aumenta notevolmente le possibilità di coinvolgere i potenziali clienti.

Utilizza la Tecnologia: Sfrutta al massimo gli strumenti tecnologici a tua disposizione. I software di gestione dei lead, l'automazione del marketing e le analisi dei dati possono aiutarti a identificare lead di alta qualità e a gestire le tue attività di prospezione in modo più efficiente.

Teoria Chiave: Una teoria chiave in questa fase è la "Generazione di Lead". Imparare a generare lead di alta qualità è fondamentale per mantenere il tuo funnel di vendita sempre pieno e attivo.

6.2. Conduci Incontri di Vendita e Presentazioni

Una volta identificati i lead, è il momento di guidarli attraverso il processo di vendita. Questa fase richiede competenze di comunicazione, persuasione e presentazione. Ecco come farlo con successo:

Preparazione Completa: Prima di ogni incontro, preparati in modo approfondito. Conosci il tuo prodotto o servizio a fondo e comprendi le esigenze specifiche del lead. Prepara un piano per l'incontro, includendo gli argomenti da coprire e gli obiettivi da raggiungere.

Ascolto Attivo e Comunicazione Empatica: Ascolta attentamente le esigenze e le preoccupazioni del lead. Fai domande per approfondire la comprensione della loro situazione. Dimostra empatia e interesse genuino per il loro successo.

Presentazione Persuasiva:
Quando presenti il tuo prodotto o servizio, fallo in modo chiaro, persuasivo e rilevante per il lead. Mostra come la tua soluzione può risolvere i loro problemi specifici e migliorare la loro situazione attuale.

Gestione delle Obiezioni: È probabile che il lead solleverà obiezioni o preoccupazioni durante l'incontro. Preparati ad affrontarle in modo professionale e persuasivo. Utilizza argomenti solidi e casi di successo per superare queste sfide.

Esempio Pratico di Successo: Apple è nota per le sue presentazioni di prodotti altamente efficaci. Steve Jobs, l'ex CEO di Apple, utilizzava un approccio di storytelling e presentazioni teatrali per coinvolgere il pubblico e dimostrare il valore dei prodotti.

Teoria Chiave: La teoria chiave in questa fase è la "Presentazione Efficace". Imparare a presentare in modo convincente è un'abilità cruciale per influenzare positivamente le decisioni dei clienti.

6.3. Tratta i Dettagli del Contratto e Chiudi la Vendita

La fase finale del ciclo di vendita è quella in cui si trattano i dettagli del contratto e si chiude l'affare. Questa è una fase critica che richiede precisione e professionalità:

Negoziazione Vincente: Se necessario, negozia i dettagli del contratto in modo che entrambe le parti siano soddisfatte. Conoscere le tecniche di negoziazione e mantenere una comunicazione aperta sono fondamentali per giungere a un accordo vantaggioso per tutti.

Chiudere l'Affare in Modo Efficace: Fornisci un processo chiaro e semplice per chiudere l'accordo. Questo potrebbe includere la firma di un contratto, un pagamento iniziale o una conferma dell'ordine. È essenziale rimanere professionale e trasparente durante questo processo.

Fiducia e Conferma: Rassicura il lead che ha fatto la scelta giusta. Conferma tutti i dettagli dell'accordo e fornisci un piano per l'implementazione o la consegna del prodotto o servizio. La fiducia è cruciale in questa fase.

In conclusione, gestire il ciclo di vendita richiede competenza, pazienza e una profonda comprensione delle esigenze dei clienti. La prospezione accurata, la conduzione di incontri persuasivi e la chiusura efficace degli affari sono tutte parti cruciali del processo di vendita. Nella prossima fase, esploreremo come mantenere e sviluppare relazioni con i clienti dopo la chiusura dell'affare.

CAPITOLO 7
Fornisci un Eccellente Servizio Clienti
(La Chiave del Successo Duraturo)

Nel settimo passo del nostro percorso nell'arte della vendita, ci immergiamo completamente nel mondo del servizio clienti, un elemento cruciale per il successo a lungo termine come venditore. Questo passo è suddiviso in tre elementi essenziali, ognuno dei quali contribuisce a costruire relazioni solide e durature con i clienti: assicurarsi che i clienti siano soddisfatti del prodotto o servizio, gestire le lamentele e risolvere i problemi in modo tempestivo, e mantenere il contatto con i clienti per future opportunità di vendita.

7.1. Assicurati che i Clienti Siano Soddisfatti del Prodotto o Servizio

La soddisfazione del cliente è il fondamento su cui si basa qualsiasi relazione d'affari duratura. Ecco come assicurarti che i clienti siano felici del loro acquisto:

Valore Aggiunto: Sorpassa le aspettative del cliente offrendo un valore aggiunto che va oltre ciò che è stato promesso. Potrebbe essere un servizio post-vendita eccezionale, risorse aggiuntive o consigli personalizzati che dimostrano un vero impegno per il successo del cliente.

Chiedi Feedback: Chiedi ai tuoi clienti il loro parere. Sondaggi di soddisfazione, e-mail di follow-up o chiamate di cortesia sono modi eccellenti per ottenere feedback. Utilizza queste informazioni per migliorare i tuoi prodotti o servizi.

Comunicazione Costante: Mantieni sempre aperte le linee di comunicazione con i tuoi clienti. Chiedi se hanno bisogno di assistenza aggiuntiva o informazioni, fornendo canali di contatto chiari e accessibili.

Esempio Pratico di Successo: La compagnia aerea Emirates è rinomata per il suo impegno verso la soddisfazione del cliente. Offre un'ampia gamma di servizi a bordo e fuori bordo che vanno oltre le aspettative dei passeggeri.

Teoria Chiave: La teoria fondamentale in questa fase è il "Net Promoter Score (NPS)". Questa metrica misura la volontà dei clienti di raccomandare il tuo prodotto o servizio ad altri. Un alto punteggio NPS indica una base di clienti altamente soddisfatta.

7.2. Gestisci le Lamentele e Risolvi i Problemi in Modo Tempestivo

Nessuna relazione con il cliente è immune da problemi o lamentele. Ecco come gestire queste situazioni in modo efficace:

- **Ascolto Attivo ed Empatia:** Quando un cliente si lamenta, ascolta attentamente e con empatia. Consentigli di esprimere le loro preoccupazioni senza interruzioni. Dimostra comprensione e interesse genuino nel risolvere il problema.
- **Risposta Tempestiva:** Rispondi alle lamentele con tempestività. I clienti apprezzano la prontezza nella risoluzione dei problemi e vedono la tua azienda come affidabile.

- **Soluzioni Concrete:** Fornisci soluzioni concrete e, se necessario, prendi misure correttive per risolvere il problema. Assicurati che il cliente si senta ascoltato e che le loro preoccupazioni siano prese sul serio.
- **Apprendimento Continuo:** Utilizza le lamentele come opportunità di apprendimento. Chiedi feedback e utilizza queste informazioni per migliorare i tuoi prodotti o servizi. Dimostra ai clienti che prendi sul serio i loro commenti.

Esempio Pratico di Successo: Il colosso dell'assistenza clienti, Zappos, ha costruito la sua reputazione sulla gestione delle lamentele dei clienti in modo rapido ed efficace. Si sono guadagnati una clientela fedele attraverso il loro impegno per la soddisfazione del cliente.

Teoria Chiave: La gestione delle lamentele è fondamentale per mantenere e costruire la fiducia dei clienti. Imparare a farlo in modo efficace è un'abilità imprescindibile.

7.3. Mantieni il Contatto con i Clienti per Future Opportunità di Vendita

Mantenere il contatto con i clienti è cruciale per garantire opportunità di vendita future. Ecco come farlo in modo efficace:

Comunicazioni Periodiche: Invia aggiornamenti periodici o newsletter per tenere i clienti informati su nuovi prodotti, servizi o offerte speciali. Assicurati che il contenuto sia rilevante e utile per il cliente.

Offri Contenuti Rilevanti: Fornisci contenuti che siano pertinenti e utili per i tuoi clienti. Questo può includere consigli, guide o risorse che possano aiutarli nel loro settore o con i loro obiettivi.

Raccogli Feedback Costante: Continua a chiedere feedback ai clienti su come potresti migliorare il tuo servizio o offerta. Dimostra che apprezzi il loro parere e che sei impegnato a soddisfare le loro esigenze.

Ricorda Eventi Speciali: Fai seguire ai tuoi clienti in occasioni speciali, come anniversari di affari o compleanni. Questo dimostra che li apprezzi come clienti e che desideri celebrare i loro successi.

Esempio Pratico di Successo: Amazon utilizza e-mail personalizzate per suggerire prodotti correlati ai precedenti acquisti dei clienti. Questo tipo di comunicazione aiuta a mantenere il cliente coinvolto e offre opportunità di vendita aggiuntive.

In questo settimo passo, abbiamo esplorato l'importanza di fornire un servizio clienti eccellente, che comprende la soddisfazione del cliente, la gestione delle lamentele e il mantenimento del contatto per future opportunità di vendita. Nella prossima fase, esamineremo come costruire relazioni solide e durature con i clienti, la nostra avventura nell'arte della vendita continua con determinazione e dedizione!

CAPITOLO 8
Misura e Valuta le Prestazioni (Guida per il Successo Continuo)

Nell'ottavo passo del nostro viaggio nell'arte della vendita, affronteremo un aspetto fondamentale per il miglioramento costante: la misurazione e la valutazione delle prestazioni. Questa fase è suddivisa in tre elementi chiave, ognuno dei quali contribuirà a ottimizzare il tuo approccio di vendita: monitorare le tue prestazioni di vendita rispetto agli obiettivi, raccogliere feedback dai clienti per migliorare le tue abilità e apportare modifiche al tuo approccio di vendita in base ai risultati.

8.1. Monitora le Tue Prestazioni di Vendita Rispetto agli Obiettivi

La misurazione delle prestazioni è essenziale per valutare il tuo successo come venditore. Ecco come farlo in modo efficace:

Imposta Obiettivi Chiari: Prendiamo ad esempio l'azienda Apple. Quando lanciano un nuovo prodotto, come l'iPhone, stabiliscono obiettivi di vendita molto chiari e misurabili. Questi obiettivi includono il numero di unità da vendere entro un certo periodo.

Tieni Traccia dei Progressi: Apple utilizza sofisticati sistemi di gestione delle vendite per monitorare costantemente il progresso delle vendite rispetto agli obiettivi. Questi sistemi consentono di identificare rapidamente se le vendite sono al di sotto delle aspettative e di adottare misure correttive.

Analizza le Metriche Chiave: Un esempio pratico è il calcolo del valore medio delle vendite. Supponiamo che un venditore di automobili stia cercando di aumentare il valore medio delle vendite. Monitorando attentamente questa metrica, può identificare strategie di vendita più efficaci, come l'offerta di pacchetti di upgrade o opzioni personalizzate.

Esempio Pratico di Successo: Salesforce, una delle principali piattaforme CRM, offre una gamma completa di strumenti di analisi delle prestazioni delle vendite che consentono ai venditori di monitorare e analizzare i loro progressi rispetto agli obiettivi.

Teoria Chiave: La "Gestione delle Prestazioni delle Vendite" è una pratica chiave in questa fase. Imparare a gestire le tue prestazioni ti aiuterà a raggiungere costantemente i tuoi obiettivi di vendita.

8.2. Raccogli Feedback dai Clienti per Migliorare le Tue Abilità

Il feedback dei clienti è un tesoro di informazioni che può aiutarti a diventare un venditore migliore. Ecco come raccoglierlo e sfruttarlo:

Richiedi Feedback Proattivamente: Prendiamo ad esempio Amazon, uno dei giganti dell'e-commerce. Amazon include una sezione di recensioni dei clienti su ogni pagina di prodotto. Questo invita i clienti a condividere feedback dettagliati sul prodotto e sull'esperienza di acquisto.

Ascolta con Attitudine Aperta: Quando i clienti forniscono feedback, sia positivo che negativo, Amazon lo accoglie con una mentalità aperta. Questo atteggiamento permette loro di raccogliere una vasta gamma di opinioni che possono essere utili per migliorare i loro servizi.

Identifica Leve di Miglioramento: Amazon utilizza il feedback dei clienti per identificare le aree in cui possono migliorare. Se molteplici clienti segnalano un problema comune, Amazon prende misure correttive, ad esempio, migliorando la qualità del servizio clienti o apportando modifiche ai prodotti.

Esempio Pratico di Successo: Airbnb è noto per la sua attenzione al feedback dei clienti. Gli ospiti e gli host possono lasciare recensioni dettagliate l'uno all'altro, che contribuiscono a costruire fiducia e a identificare aree di miglioramento.

Teoria Chiave: La "Gestione del Feedback dei Clienti" è un elemento cruciale per il miglioramento continuo delle tue abilità di vendita.

8.3. Apporta Modifiche al Tuo Approccio di Vendita in Base ai Risultati

Una delle abilità più importanti di un venditore di successo è la capacità di adattarsi e migliorare costantemente. Ecco come apportare modifiche al tuo approccio in base ai risultati:

Analisi dei Risultati: Prendiamo ad esempio la catena di fast food McDonald's. Quando introducono nuovi prodotti nel loro menu, raccolgono dati dettagliati sulle vendite e sull'accoglienza da parte dei clienti. Se un nuovo prodotto non raggiunge le aspettative, possono apportare modifiche immediate.

Sperimenta Nuovi Approcci:

McDonald's è anche noto per sperimentare nuove iniziative di marketing. Hanno svolto campagne pubblicitarie innovative, come "Happy Meal" per bambini, che hanno dimostrato di essere altamente efficaci nell'attirare clienti e aumentare le vendite.

Mantieni un Focus sul Cliente: Le modifiche apportate da McDonald's sono sempre guidate dalla comprensione delle esigenze dei clienti. Ad esempio, quando c'è stata una crescente domanda per opzioni di menu più salutari, hanno introdotto insalate e frutta nei loro menu.

Esempio Pratico di Successo: Airbnb ha costantemente modificato il loro approccio di vendita e la loro piattaforma in base al feedback dei clienti e alle esigenze del mercato. Hanno aggiunto funzionalità come la verifica degli host e le esperienze locali per migliorare l'esperienza degli utenti. **Teoria Chiave:** La "Gestione del Cambiamento" è una competenza critica per apportare modifiche efficaci al tuo approccio di vendita.

In questo ottavo passo, abbiamo esplorato l'importanza di misurare e valutare le prestazioni come venditore. Monitorare costantemente il tuo rendimento, raccogliere il feedback dei clienti e apportare modifiche basate sui risultati ti aiuterà a migliorare costantemente le tue abilità di vendita. Nella prossima fase, esamineremo come sviluppare una mentalità di crescita e apprendimento continuo

CAPITOLO 9
Continua a Formarti e Migliorare
(Il Cammino Verso l'Eccellenza)

Nel nono passo del nostro viaggio nell'arte della vendita, esploreremo con maggior dettaglio l'importanza della crescita continua e dell'auto-miglioramento. Questo passo è suddiviso in tre componenti fondamentali, ciascuno dei quali ti aiuterà a diventare un venditore di successo a lungo termine: partecipare a corsi di formazione e workshop per migliorare le tue competenze, mantenere te stesso aggiornato sulle tendenze del settore e cercare costantemente modi per affinare e potenziare le tue abilità di vendita.

9.1. Partecipa a Corsi di Formazione e Workshop per Migliorare le Tue Competenze

L'educazione continua è un pilastro per eccellere nel campo delle vendite. Per ampliare e perfezionare le tue competenze, considera quanto segue:

Corsi di Vendita: Investire in corsi di vendita specializzati può portare grandi benefici. Ad esempio, se stai lavorando nel settore immobiliare, potresti partecipare a un corso sulla gestione delle transazioni immobiliari o sulla valutazione delle proprietà. Questi corsi forniranno nozioni pratiche e strumenti che potrai applicare direttamente sul campo.

Sviluppo delle Competenze:
Immagina di essere un venditore
che desidera perfezionare le tue
abilità di negoziazione. Partecipare
a workshop di negoziazione ti
permetterà di acquisire nuove
tattiche e strategie. Riceverai
anche feedback diretto sugli
aspetti specifici che devi
migliorare.

Formazione sul Prodotto/Servizio:
Se il tuo lavoro comporta la vendita
di prodotti o servizi specifici, è
essenziale conoscere
approfonditamente ciò che stai
vendendo. Le aziende spesso
offrono formazioni dettagliate sui
loro prodotti o servizi. Ad esempio,
se lavori per un'azienda di
software, partecipare a una
formazione approfondita sul
software che vendi ti aiuterà a
rispondere con precisione alle
domande dei clienti.

Esempio Pratico di Successo: La società automobilistica Tesla è famosa per i suoi workshop di formazione intensivi per i venditori. Questi workshop coprono non solo aspetti tecnici dei veicoli elettrici ma anche strategie di vendita innovative, come l'approccio basato sull'esperienza.

Teoria Chiave: La "Formazione Continua" è un'area di crescita essenziale per mantenere e sviluppare le tue competenze di vendita.

9.2. Mantieni Te Stesso Aggiornato sulle Tendenze del Settore

Il mondo delle vendite è in costante evoluzione, e rimanere aggiornato sulle tendenze del settore è fondamentale per rimanere competitivo. Ecco come farlo:

Lettura e Ricerca: Dedica del tempo alla lettura di libri, articoli e ricerche relative alle vendite. Ciò ti aiuterà a scoprire nuove strategie e approcci vincenti. Ad esempio, la lettura di un libro sulle tecniche di vendita consultiva potrebbe rivelarsi estremamente utile per ampliare il tuo repertorio di vendita.

Partecipazione a Conferenze e Seminari: Le conferenze del settore offrono l'opportunità di apprendere dalle esperienze di altri professionisti delle vendite. Durante questi eventi, puoi acquisire conoscenze su nuove tecnologie, strategie di vendita innovative e cambiamenti nel comportamento dei consumatori.

Rete di Professionisti: Mantieni una rete di contatti con altri venditori e professionisti del tuo settore. Condividere informazioni con colleghi ti permette di ottenere prospettive diverse e di apprendere da esperienze diverse. Inoltre, puoi ricevere raccomandazioni su risorse, libri e eventi che potrebbero essere utili per il tuo sviluppo professionale.

Esempio Pratico di Successo: Nel settore tecnologico, partecipare a eventi come il Consumer Electronics Show (CES) è una pratica comune per rimanere aggiornati sulle ultime innovazioni e tendenze. Durante il CES, i professionisti delle vendite possono esplorare nuovi prodotti e tecnologie e incontrare altri leader del settore per condividere conoscenze.

Teoria Chiave: Il "Mantenimento dell'Aggiornamento" è un'azione chiave per adattarsi a un ambiente di vendita in evoluzione.

9.3. Cerca Modi per Migliorare Costantemente le Tue Abilità di Vendita

Migliorare costantemente le tue abilità di vendita è un obiettivo in continuo progresso. Considera queste strategie:

Autovalutazione: Dedica del tempo per riflettere sulle tue prestazioni. Analizza le tue interazioni con i clienti, valuta i tuoi punti di forza e individua le aree in cui potresti migliorare. Se sei un agente immobiliare, potresti esaminare come hai gestito situazioni in cui i clienti avevano obiezioni e cercare modi per affrontarle in modo più efficace.

Richiedi Feedback: Chiedi feedback ai tuoi colleghi o superiori. Accogli il feedback positivo con gratitudine e accetta il feedback critico come un'opportunità di crescita. Ad esempio, potresti chiedere a un collega di simulare un incontro di vendita e fornirti un feedback onesto sul tuo approccio.

Ruolo di Gioco: Esercitati regolarmente con ruoli di gioco o simulazioni di vendita. Questi esercizi ti permettono di mettere alla prova le tue abilità in un ambiente controllato e senza rischi. Se sei un venditore di software, potresti partecipare a una simulazione di vendita in cui devi convincere un cliente immaginario dell'efficacia del tuo prodotto.

Esempio Pratico di Successo: Molte squadre di vendita aziendali utilizzano esercizi di role-play durante le sessioni di formazione. Ad esempio, i venditori di una società di servizi finanziari potrebbero esercitarsi a rispondere alle domande dei clienti e a superare le obiezioni in situazioni simulare.

Teoria Chiave: L'auto-miglioramento richiede autovalutazione, impegno e un desiderio costante di crescita.

In questo nono passo, abbiamo esplorato in dettaglio l'importanza della crescita continua e dell'auto-miglioramento come venditore.

Nella prossima fase, esamineremo l'importanza di mantenere una mentalità positiva e resiliente, che è cruciale per affrontare le sfide nel mondo delle vendite. La nostra avventura nell'arte della vendita continua con dedizione e ricerca costante del miglioramento.

CAPITOLO 10
Sii Persistente e Determinato

Nel nostro decimo passo, approfondiremo ulteriormente l'importanza della perseveranza e della determinazione nell'arte della vendita. Questi tratti sono come il motore che alimenta il tuo viaggio verso il successo nel mondo delle vendite. Esploreremo tre componenti fondamentali di questo passo: la necessità di perseverare nonostante le sfide, l'importanza di accettare i fallimenti come preziose opportunità di apprendimento e la determinazione costante nel lavorare duramente e adattarsi alle sfide in corso.
10.1. La Vendita può essere Sfidante, ma la Perseveranza è Fondamentale

Non c'è dubbio che la vendita possa essere un campo sfidante. Incontri resistenza da parte dei clienti, affronti rifiuti e devi superare ostacoli apparentemente insormontabili. Tuttavia, la chiave per il successo è la perseveranza:

> **Gestione del Rifiuto**: Immagina di essere un rappresentante di vendita che effettua chiamate telefoniche per promuovere un prodotto. È probabile che la maggior parte delle tue chiamate si concluda con un "no" o con una chiamata non risposta. La perseveranza in questo contesto significa continuare a effettuare chiamate, nonostante l'iniziale rifiuto, perché ogni chiamata rappresenta un'opportunità di successo.

Affrontare le Obiezioni: Se sei un venditore di automobili e un cliente solleva obiezioni sul prezzo o sulle caratteristiche del veicolo, la perseveranza significa affrontare queste obiezioni con determinazione e abilità di vendita, invece di arrenderti o cedere facilmente.

Esempio Pratico di Successo: La storia di Brian Tracy, noto oratore motivazionale e autore di vendite di successo, è un esempio tangibile di perseveranza nella vendita. All'inizio della sua carriera, Tracy era un rappresentante di vendita porta a porta. Nonostante le numerose porte chiuse in faccia, ha continuato a perseguire ogni opportunità di vendita, sviluppando nel tempo abilità di vendita di livello mondiale.

Teoria Chiave: La "Perseveranza" è una virtù inestimabile per superare le sfide nel mondo delle vendite.

10.2. Accetta i Fallimenti come Opportunità di Apprendimento

I fallimenti sono inevitabili nella vendita, ma la loro importanza è spesso sottovalutata. È fondamentale riconoscere che ogni fallimento rappresenta un'opportunità di apprendimento:

Analisi dei Fallimenti: Se hai perso una grande opportunità di vendita, anziché deprimerti, analizza cosa è andato storto. Forse hai compreso male i bisogni del cliente o hai commesso errori nella presentazione. Accettando il fallimento come un'opportunità di apprendimento, puoi identificare come migliorare in futuro.

Rinforza la Resilienza: Ogni fallimento superato rinforza la tua resilienza. Ad esempio, considera un venditore di assicurazioni che ha perso un contratto importante. Accettando il fallimento come un'occasione per migliorarsi, può ritornare al lavoro con una maggiore determinazione e nuove strategie.

Esempio Pratico di Successo: Steve Jobs, il co-fondatore di Apple, ha sperimentato un grande fallimento quando è stato licenziato dalla sua stessa azienda. Tuttavia, ha accettato questa esperienza come un'opportunità di apprendimento. Successivamente, è tornato ad Apple con una visione ancora più forte e ha contribuito a trasformarla in una delle aziende più innovative al mondo.

Teoria Chiave: L'abilità di "Apprendere dai Fallimenti" è cruciale per il progresso continuo nella vendita.

10.3. Continua a Lavorare Duro e ad Adattarti alle Sfide

La determinazione richiede un impegno costante e la volontà di affrontare costantemente le sfide:

Lavoro Duro: La vendita è spesso associata a un duro lavoro. Un rappresentante di vendita che visita clienti aziendali potrebbe dover affrontare lunghe giornate di viaggio e incontri impegnativi. La determinazione in questo caso significa continuare a impegnarsi al massimo, anche quando la stanchezza si fa sentire.

Adattamento: Il mercato delle vendite è in costante evoluzione. Adattarsi a nuove tecnologie, nuove tendenze di consumo e nuove strategie di vendita è fondamentale. Ad esempio, un venditore online deve costantemente adattarsi agli algoritmi dei motori di ricerca e alle preferenze dei consumatori.

Esempio Pratico di Successo: Jeff Bezos, il fondatore di Amazon, è noto per la sua determinazione nel costruire Amazon da zero in uno dei giganti mondiali del commercio elettronico. Ha costantemente lavorato duramente e ha guidato l'azienda a innovare e adattarsi in un mercato altamente competitivo.

Teoria Chiave: La "Determinazione" richiede un impegno continuo nel lavorare duramente e nel fare fronte alle sfide in corso.

In questo decimo passo, abbiamo esplorato in profondità l'importanza della perseveranza, dell'accettazione dei fallimenti come opportunità di apprendimento e della determinazione costante nel campo delle vendite. Essere persistenti e determinati è il cuore del tuo successo nella vendita. Sei stato testimone di un viaggio che ti ha portato attraverso ogni aspetto dell'arte della vendita. Dall'acquisizione delle conoscenze fondamentali al perfezionamento delle tue abilità, ora possiedi tutto ciò che ti serve per diventare un venditore di successo.

Dopo studi ed esperienza nel settore,
ho aiutato molte persone a guadagnare
nel mondo della vendita, applicando
queste strategie con successo. Se sei
interessato a unirsi a questo percorso
verso il successo nella vendita,
Contattami all'indirizzo email

infobusinessbyignazio.vaccargiu@gmail.com

per esplorare le possibilità di candidarti e di
iniziare il tuo viaggio verso il successo.
Ricorda che le scelte che prendi subito sono
ciò che ti cambia la vita!
Se pensi che le candidature siano chiuse o sia
passato troppo tempo manda la mail, solo così
lo scoprirai!!
Non vedo l'ora di sentirti e di aiutarti a
raggiungere i tuoi obiettivi.

www.ingramcontent.com/pod-product-compliance
Lightning Source LLC
Chambersburg PA
CBHW061010260726
48661CB00005B/2143